LA MYSTIQUE JUDÉO-CHRÉTIENNE

Jeanne LEADE

LE

Messager Céleste
de la Paix Universelle

TRADUIT POUR LA PREMIÈRE FOIS

Par P. SÉDIR

Secrétaire du Groupe indépendant d'Études ésotériques

PARIS

CHAMUEL, ÉDITEUR

29, RUE DE TRÉVISE, 29

1894

Jeanne LEADE

LE

Messager Céleste

de la Paix Universelle

TRADUIT POUR LA PREMIÈRE FOIS

Par P. SÉDIR

Secrétaire du Groupe indépendant d'Études ésotériques

PARIS

CHAMUEL, ÉDITEUR

29, RUE DE TRÉVISE, 29

1894

Le Messager Céleste

de la Paix Universelle

Jeanne LEADE

LE
Messager Céleste
de la Paix Universelle

TRADUIT POUR LA PREMIÈRE FOIS

Par P. SÉDIR

Secrétaire du Groupe indépendant d'Études ésotériques

PARIS

CHAMUEL, ÉDITEUR

29, RUE DE TRÉVISE, 29

1894

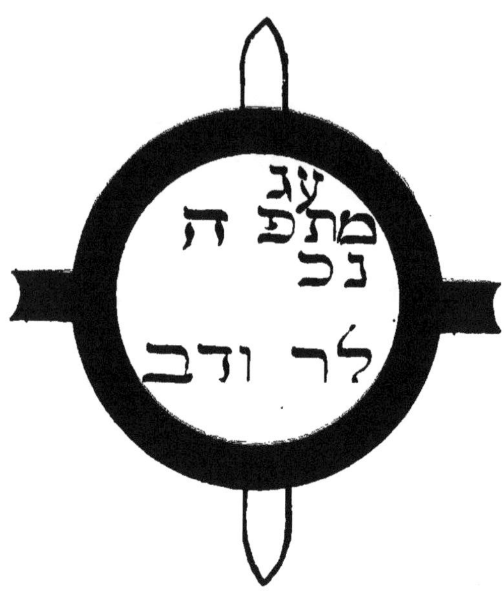
עג
מתפ ה
נכ
לר ודב

NOTICE BIBLIOGRAPHIQUE

SUR

JEANNE LEADE

———

Les œuvres de cette illuminée, d'abord élève puis directrice du médecin John Pordage, et fondatrice de la Société des Philadelphes, comprennent exclusivement, non des traités hermétiques, mais des amplifications de mysticisme chrétien. Elle était voyante et, de même que Bœhme, ne décrit que les tableaux intérieurs qui se sont déroulés devant elle.

Voici la liste de ses œuvres :

Le Puits du Jardin, journal de ses manifestations, dont la préface est un *Discours sur la différence des révélations véritables et des révélations fausses* (t. II, part. III, ch. xx, p. 519. de la traduction allemande).

La Nuée céleste ou l'Échelle de la Résurrection, 1682, in-4°.

Révélation des Révélations, in-4°, 130 pages.

La Vie Henochienne ou le Cheminement avec Dieu, n 4. 1694, 38 pages.

Les Lois du Paradis, 1695, in-8. 69 pages.

Les Merveilles de la création divine, en huit mondes différents, 1695, in-8. 89 pages.

Messages pour la commune de Philadelphie, 1696, in-12, 108 pages.

L'Arbre de foi ou l'arbre de Vie qui croît dans le Paradis de Dieu, 1696. in-12, 122 pages.

L'Arbre de la foi, 1696. in-8, 33 pages.

Tous ces ouvrages ont été traduits en allemand à Amsterdam. 1696-1698, par un anonyme qui ne fut pas inconnu de Gichtel. On trouvera dans la *Corresdance* de Saint-Martin avec Kirchberger de Liebisdorff beaucoup de passages ayant trait à cette école de mystiques.

Voici à titre de renseignement quelques lignes de Saint Martin sur notre auteur (1) :

« J'ai eu, dit-il, depuis ma dernière lettre, des ouvertures sur Jeanne Lade par un auteur contemporain, digne de foi, rempli de vraie lumière et grand admirateur de notre ami B., puisqu'il a dirigé l'édition de 1682 (2). C'était, suivant lui. une femme pieuse, mais rétrécie dans une sphère bornée. Il trouve que ses manifestations ne sont qu'une production astrale ; qu'elles n'ont pas pris naissance dans le feu de l'anxiété ; que ce genre ne donne aucune force à l'homme intérieur ; etc. » (*Lettre LIV*). Quoique

---

(1 *Correspondance avec Kirchberger.*
(2) C'est Gichtel.

cette appréciation d'un homme aussi avancé et aussi puissant en œuvres que Gichtel puisse rabaisser le mérite de Jeanne Lade. on n'a pas cru devoir arrêter la présente vulgarisation. Voici pourquoi. Il ne faut pas se le dissimuler : à part quelques rares personnes. les mystiques de notre époque qui se rangent sous les symboles des diverses fraternités occultes sont loin d'avoir acquis la même puissance que leurs aînés des xviie et xviiie siècles. Si la sphère mercurienne s'est développée en eux. la lune et le soleil sont restés bien en arrière : les leçons de Martinez de Pasquallis ont été trop peu écoutées. le travail philosophique trop employé au détriment de la vraie méditation psychique ; beaucoup pourront parler savamment, sur les intelligences. sur les nombres. sur les pantacles. qui ne sauraient même soulager leur frère souffrant. ou lui communiquer un signe. — C'est pourquoi. ayant constaté cette inharmonie. et ayant vu qu'elle résidait principalement dans une vidité incomplète de scènes trop élevées. on a cru que ces pages simples et limpides seraient reçues avec profit par tous. par les Frères Martinistes. en particulier

Élaboré dans le sein d'une de leurs Loges. ce petit opuscule est augmenté de notes et d'indications bibliographiques. — On a cru devoir conserver au style la tournure archaïque et anxieuse. si l'on ose dire, de l'original anglais. et de la traduction allemande.

Le traducteur.

LE
Messager Céleste de la Paix Universelle

Troisième message à la Communauté philadelphique

« Je vous donne la paix. »
(*Joan.*, XIV, 27.)

COMMÉMORATION AU LECTEUR

La sagesse de Dieu et sa prévoyante bonté travaillent depuis les commencements du monde, d'une façon très active, occulte et admirable, à la réintégration de l'Homme et de la création déchus ; afin que dans les jours derniers, soit obtenue la pleine et entière rémission des péchés damnateurs, de l'asservissement et de la vanité qui en sont les effets et les fruits, — et afin que les créatures soient rendues à la lumière qui leur a été si longtemps dérobée. Toute la création soupire et crie après cette heure, parce qu'elle espère être délivrée du joug de la corruption et du péché, et participer alors à la magnifique liberté des enfants de Dieu. Cette source et ces actions secrètes et cachées n'ont jamais attiré l'attention du monde. Mais plus ils se rapprochent de la plénitude et du terme de leur grande finalité, plus ils tendent vers leur centre, plus ces rayons de la prescience et de la sagesse divine s'éclairent puissamment, de plus en plus distincts pour les enfants et les fils de la Sagesse. Par eux seront produites les merveilles finales, les dernières et magnifiques scènes de la grande rédemption que le Seigneur Jésus a préparées pour nous : lesquelles, bien que d'une élévation, d'une puissante et d'une efficacité incommensurables, ont été jusqu'à ce jour bien peu comprises. Tout ce que la chrétienté espère, c'est d'être préservée, dans cette misérable vie, par la grâce de Dieu, de recevoir d'elle des secours suffisants (de façon à prévaloir contre le péché auquel nous faisons une guerre continuelle), pour enfin rendre nos corps prévaricateurs à la poussière, ayant ainsi placé notre espérance et notre attente dans l'idée d'une vie future : mais il ne faut pas nous imaginer que le grand athlète, le prince victorieux de la mort et des enfers, qui a foulé aux pieds les serpents et toutes puissances et principautés du monde ténébreux, veuille renouveler ici-bas ses luttes. Il ne laissera pas ces adversaires régner perpétuellement sur ce monde inférieur, mais il les chassera peu à peu, une partie après l'autre et au temps fatidique : les faisant défiler, impuissants, devant les yeux de tous les hommes qu'ils voulaient dominer : ainsi adviendra-t-il en particulier de la Bête du Dragon et de l'Antéchrist, quand les temps seront venus. Personne n'a pensé ni ne s'est imaginé (dis-je) que le puissant pouvoir de son sacrifice et de sa mort ait cependant suffi à annihiler le poison, et à arracher les racines mêmes du péché : cette extirpation n'aura évidemment lieu que lorsque les sceaux occultes du Livre de l'Agneau auront été ouverts, lorsque la Sagesse et l'Amour divins se seront répandus sur la terre pour laver les péchés, et que l'Esprit-Saint, si longtemps banni de la Chrétienté (ce qui est le plus grand signe et la plus puissante preuve de notre décadence malheureuse et lamentable) reviendra comme au commencement d'un nouveau jubilé, et pour le parfait accomplissement de toutes les prophéties, qui annoncent le triomphe de l'Église sur cette terre. C'est ainsi qu'il cuirassera de force maints de ses serviteurs, Lui, leur chef, que suivront les jeunes fils de la Résurrection : et, comme le grand Henoch et Elie l'ont fait précédemment, il montrera au monde la possibilité de briser les liens du principe périssable, de triompher du temps et de la mort, et de pouvoir ainsi répéter l'apostrophe ironique de l'Apôtre : « O Mort, où est ton aiguillon ? Enfer (1). où est ta victoire ? » Ceux-ci sont les sauveurs qui se tiendront sur la montagne de Sion, comme le prophète Obadiah (v. 21), l'a prévu et nous l'a annoncé. Ils seront des rédempteurs au-dessous de leur puissant Rédempteur ; étant ainsi béatifiés et sauvés par Lui, ayant reçu de Lui la puissance, ils seront parfaitement préparés et rendus aptes à aider les autres, pour qu'ils puissent aussi s'échapper du Royaume de la

---

(1) Dans le texte original, il y a ici un mot qui signifie la *région* où les bonnes et les mauvaises âmes, débarrassées de leur corps, séjournent jusqu'au jugement dernier : cependant avec cette différence que les Bons sont dans la lumière et le repos et les Mauvaises dans les ténèbres et l'angoisse. On peut voir ceci clairement dans les Israélites et les Egyptiens, *Exode*, 22, v. 23 ; *Sap.* 17 et 18. En un mot, c'est le Paradis pour les bonnes âmes, et le vestibule de l'Enfer pour les mauvaises. Car les véritables tourments infernaux ne commencent qu'après le Jugement dernier. (Voir Matthieu, viii, 29.)

Mort. Heureux et mille fois bienheureux ceux-là qui pourront participer à cette première résurrection! Ils s'approcheront du Christ, et seront remplis de Lui, jusqu'à l'identification, selon la mesure dans laquelle ils (ou proprement Lui en eux) auront travaillé à la régénération de leurs frères. Il ne leur refusera rien. parce qu'ils se seront donnés entièrement à Lui: seulement Il écrira Son nom en eux et sur eux d'une manière admirable et secrète, et les fera participer à Sa Gloire, selon la plénitude de Sa miséricordieuse descente en tous ses fidèles, comme Il l'a déclaré en Saint-Jean. xvii, v. 21 (1), à propos de ses souffrances qu'Il offrait à Son Père. Cette prière de notre Seigneur était à l'intention de Ses disciples immédiats et ensuite de tous ses fidèles. C'est pourquoi. après Son ascension, ses disciples furent élevés jusqu'à ce degré d'union, et eurent si profondément imprimé en eux le Nom et la Force de Dieu qu'ils purent accomplir tous les miracles par la Toute-Puissance de l'Esprit-Saint.

Ainsi le monde reconnut le Christ qu'ils annonçaient comme envoyé de Dieu. De même semblablement, au jour de la Royauté triomphante du Christ, par la mission, le scellement et la force, une nouvelle réunion de disciples se formera sur une plus grande

(1) « Ainsi que tous soient un, ainsi que toi Père, es en moi, et moi en toi ; afin qu'eux aussi soient un en nous; et que le monde croie que c'est toi qui m'a envoyé. ».

V. 22 : Et je leur ai donné la gloire que tu m'as donnée, afin qu'ils soient un comme nous sommes uns.

V. 23 : Je suis en eux et toi en moi, afin qu'ils soient parfaits en un; et que le monde reconnaisse que c'est toi qui m'as envoyé et que tu les aime comme tu m'as aimé. »

mesure et, à la face des peuples, ils élèveront la bannière de l'Amour, brodée au nom royal, et ils la porteront en grande pompe et solennité ; dans le déploiement de leurs forces revivifiées, au milieu des miracles étonnants de l'Esprit-Saint, ils marcheront, précédés par la force invincible et triomphante de la vérité, pénétrés par l'esprit et accompagnés par la sapide et douce lumière de la sagesse divine, qui éclatera dans toute sa beauté et qui pénétrera les secrets de la Nature temporelle, aussi bien que de l'éternelle; de telle sorte que le monde témoignera de l'immense et infinie puissance du fils de Dieu, qui fut le fils de l'homme, du Seigneur Jésus, le Rédempteur. L'Evangile ne sera pas seulement répandu publiquement, mais toutes les nations et tous les langages lui obéiront, et tout genou se pliera devant le nom de Jésus ; car les païens lui devront vraiment de participer à l'héritage de Dieu, et les pays les plus reculés de la terre seront donnés à celui qui le reconnaîtra comme Christ sauveur, comme Seigneur et Dieu : Loué soit-il dans toutes les éternités.

Vers la fin, les trompettes se sont dressées sonnant sans cesse, de plus en plus haut, pour tirer le monde sommeilleur, et en particulier le christianisme cérémoniel, extérieur et formel, de sa léthargie : et leur son revivifie et fait renaître le Jésus mourant dans le repos interne et spirituel du christianisme (dont la portion engourdie et glacée jusqu'à la mort se retrouve dans chacun de ses sectateurs). Le Saint-Esprit de Dieu revient alors, après avoir envoyé ses témoins, bien qu'ils ne soient encore que des enfants, dont la faiblesse ne peut répandre que les premiers degrés de sa révélation. Par leur bouche, Il commence à appeler, et Il ne cessera de crier jusqu'à ce que ceux qui possèdent quelque sentiment intérieur du bien et de l'amour de Dieu, aient honte de leur cœur froid et paresseux et aillent à sa rencontre : lorsqu'Il les aura lui-même intérieurement réveillés, ils se fondront dans une sainte repentance et componction de leur grossièreté passée : c'est ce qui arrivera à plusieurs serviteurs de Dieu, qui s'étaient attachés avec trop d'ardeur à leurs opinions préconçues, à leurs jugements prématurés et inconsidérés. Il (le saint Esprit de Dieu) apparaîtra comme le véritable esprit de Jésus, en toute mansuétude, longanimité, amitié et amoureuse générosité, rendant le bien pour le mal, l'amour pour la haine, la serviabilité pour le mépris. Jusqu'à ce que, touchés par sa patience et son endurance, son amour constant, sa bonté et sa tendre sollicitation inlassable, ils se rendent à Dieu leur cœur de pierre attendri : ainsi que le rude Esaü pleurant au cou de Jacob, et Joseph reconnu par ses frères cruels. Car ceci est le jour merveilleux de la révélation de l'amour ; c'est le règne de l'amour de Dieu : pendant lequel son puissant pouvoir et son influx domineront toute colère et toute pénalité, transmuant et assujettissant les cœurs des hommes ; la miséricorde triomphera du jugement, en tous, par tous, pour les plus grands pêcheurs mêmes qui se rendront humblement à lui (à l'amour) et qui utiliseront les grands avantages et les consolations cordiales qui leur seront offerts. Cependant si l'amour, au jour de sa victoire, possède la prééminence, la justice et le jugement doivent cependant l'accompagner et le suivre ; car la colère de Dieu est alors surexcitée pour venger le mépris et l'insulte que son grand amour et sa bonté ont subis de la part des factieux et des rebelles. Il veut que son esprit agisse d'une manière extraordinaire. sans distinction de sexe, d'âge, de personne et de condition : que ses louanges soient proclamées par la bouche même des enfants et des nourrissons. Chaque degré d'outrage contre l'Esprit-Saint, la colombe divine. esprit d'amour, comporte en soi un mal particulier ; car ceci appartient aux dons les plus hauts de Dieu. et les hommes opiniâtres qui les écartent et les repoussent en toute conscience se mettent en mortel danger. Mais l'amour, qui est actif, et qui entreprend tout ce qu'il est possible, battra l'aire avec soin et saura recueillir et sacrifier tout le bon grain, et même celui qui peut le devenir. Ainsi l'amour agira selon sa propre nature, et souffrira le mal : bien que ce dernier, à l'approche de la Justice acolyte. doive passer par le feu, et souffrir l'expiation de la perversité, selon sa mesure. et ceci dans les personnes individuelles comme dans les corps unis.

La différence entre cette action de l'Esprit et la précédente consiste en ceci : que l'un descendit en une fois au moment de sa pleine maturité et puissance· mais (ayant été accablé par la chute et la perversion de la pureté dans l'Église primitive), il sera rappelé à la vie selon un autre mode. dans l'Église des nouveaux disciples : cette Église pourra retrouver l'Esprit sur le chemin où il fut méconnu et perdu en retournant

en arrière, par une marche semblable à celle de
l'Église primitive ; ainsi par ce secours régulier, les
disciples nouveaux seront conduits, par tous les degrés de la vraie résurrection, à celle extraordinaire que
le Saint-Esprit prépare en eux ; et elle ne semblera pas
un souffle et une saveur rapide, mais une naissance
de force qui s'incorporera et demeurera réellement en
eux ; qui, de jour en jour augmentera et prendra une
plus parfaite plénitude ; en conformité de quoi beaucoup de miracles inattendus et étonnants s'accompliront en eux et par leurs dons et manifestations.

Que, pour cela, Dieu et le Seigneur Christ sauveur
soient loués, qui a dignifié son Église en ce jour, en
laissant voir le commencement de ces choses, et le
retour de son Esprit, à la force sainte, comme il ap-
pert que quelques membres choisis ressentent cette
extraordinaire influence et la publient. En dépit de
l'opposition et du mépris des autres, ils témoignent
de cette influence, et ne peuvent s'en abstenir.
Quelques attestations ont été publiées ; il y en a encore un bien plus grand nombre qui le seront quand
elles pourront être comprises, et quand Dieu aura
préparé leurs voies.

L'auteur de ce message et des précédents, ainsi que
d'autres traités spirituels plus élevés, a beaucoup fait
dans cette direction ; de pressants appels et de sé-
rieuses exhortations à toutes les églises de cette nation
et des autres, pour qu'elles reviennent vers celle de
qui elles se sont détachées, vers l'Esprit et la vérité,
des apparences extérieures de la dévotion chrétienne
à la vie et à la force interne du christianisme, en

lequel leur est annoncé maintenant l'imminente et grande révélation de l'amour; qu'elles (les églises) aient à se préparer à venir au-devant de leur Seigneur, pour être comblées de ses bénédictions; qu'elles mettent de côté leurs querelles et leurs discordes, comme leur soin désordonné pour les pratiques extérieures (qui naissent d'un zèle excessif) : et qu'elles s'unissent délibérément pour constituer l'assemblée de la paix et de l'amour qui est le vrai signe et attribut philadelphien.

Et pour inviter les frères dispersés à cette modération et à cette raison les uns envers les autres, on a écrit ce « Message » comme une adresse et un appel de Dieu. Nous y verrons comment. — bien que les partis divisés (quelques-uns contre eux-mêmes, loin de s'accorder quelque estime, s'injurient et se flétrissent comme avec un fer chaud des noms détestés d'hérétiques, de mamelucks, de schismatiques. d'esprits, de ténèbres, d'antéchrits. d'idolâtres — comment. dis-je, Dieu, par cet appel de la grâce, ferme les yeux sur les fautes et les erreurs de leurs propositions, et. les faisant se ressouvenir de leur oubli et de leur détachement de l'esprit de la religion, il les reconnaît tous sans exception comme son Église et son peuple. Il leur présente ainsi un parfait modèle de la bonté divine et de l'indulgence, et leur apprend que, de même qu'Il ne dédaigne pas de nous prendre dans les bras de Son amour. ainsi nous ne devons exclure personne de notre amour et de notre affection chrétienne.

Les appels répétés de Dieu en ce temps sont très clairs et très sérieux : le but qu'ils nous montrent est

noble et glorieux, sans en exclure les dangers et les
difficultés survenants. La couronne des Philadelphes
est d'un haut prix, et mérite bien que les héros de la
foi chrétienne et de l'amour entreprennent et osent tout
pour elle ; et pour l'encouragement de tous, il n'est
pas sans intérêt de dire que les plus importantes difficultés ont été dépassées et renversées : le tourbillon
abyssal ou gouffre des Enfers (1) a été traversé et
dépassé, la porte philadelphique déjà ouverte et un
chemin tracé pour que nous puissions participer
aux pouvoirs du monde futur. La jeune colombe
essaie ses ailes, et nous invite avec la voix douce et
murmurante de l'amour, comme si elle implorait le
secours du Seigneur contre les puissants. Le temps
est venu où l'Esprit et la fiancée disent : Viens ; et ceux
qui entendent répètent cet appel et disent : Viens. Et
celui qui le veut, arrive et boit l'eau de la vie coulant
de cette source nouvelle. Oh ! qui veut prêter ses mains,
qui veut traverser les nues pour aller rendre hom-
mage à la colombe et se mettre à son service ? Marcher à Votre rencontre, ô colombe, et Vous chercher,
pour recevoir Votre ravissant et affectueux accueil,
Votre premier et plus tendre amour ? Qui est trans-
porté d'un zèle et d'ardente ambition pour aspirer à se
rapprocher de Votre cœur et à se reposer au sein de
l'amour divin ? Parce que ceux qui atteignent ce bienheureux état reçoivent de droit les plus hauts honneurs dans le royaume du triomphe ; l'onction royale
et les dignités de prêtres et de prophètes leur appar-

(1) Voyez *Révélation des révélations*, fol. 104, v. 68.

tiennent. Qu'on ne s'imagine ni qu'on n'attende pas que l'Esprit-Saint, en revenant dans l'Eglise, après que les sceaux seront rompus et le règne de l'Antechrist fini, se laisse lier par quelques formes d'institutions humaines, ou les accepte, parce qu'il voudra dès lors (bien que peu à peu et graduellement) ériger un culte nouveau et plus parfait. Le plus grand obstacle à ceci sera que, chaque parti étant très imbu de ses propres idées (tels les Juifs, lors de la première venue de notre Sauveur) mettra beaucoup d'obstination à les proposer, comme si elles étaient parfaites, et comme si la venue de l'Esprit de Dieu n'était plus nécessaire pour leur plénitude et leur perfection. Car beaucoup qui sont bien établis et consolidés dans leur état actuel, subissent des tentations d'autant plus lourdes et espèrent par là conserver leur état, n'obéiront pas dans la suite à la voix de Dieu qui les sollicitera pour une réforme plus complète et plus fondamentale. Et, de même que la glace rompue est brisée par le courant impétueux, s'ils essayent d'enrayer le flot de ceux qui iront à l'appel, ils tomberont dans une très mauvaise condition, accablés et calomniés de toutes parts (même par les bons encore inhabiles à discerner ce qu'ils font et qui ne comprennent véritablement pas qu'ils voudraient tout renier et quitter pour le Christ). Il ne manquera pas de semblables héros qui, à l'encontre de tous, donneront de généreux témoignages : qui, méprisant toutes considérations temporelles, reconnaîtront et confesseront publiquement le culte de l'Esprit dans son enfance. L'appel est arrivé à l'oreille de ceux-là, et principalement à ceux qui sont les hauts pasteurs et les conducteurs du troupeau de Jésus : à eux. parmi tous, incombe le devoir de lever la tête pour s'orienter selon le jour de leurs tribulations et de le reconnaître. Qu'ils considèrent avec joie les champs déjà prêts pour la récolte. car. étant oints du véritable Esprit de Dieu. ils seront envoyés comme Anges-Moissonneurs : c'est ainsi qu'ils obtiendront de meilleurs et plus saints résultats de leurs travaux spirituels Bénis et bienheureux soient ceux qui sont entrés à temps et à bonne heure pour travailler dans la vigne de Dieu : car ils jouissent de tous les hauts et rares privilèges des premiers-nés : et en cette circonstance, ils conquerront avec saint Paul pour leur joie et leur gloire éternelle une couronne inestimable qui est le peuple de leur royaume futur. C'est d'eux que parle particulièrement la prophétie de Daniel (xii. v. 3 et suiv.) : « Les sagaces. hommes éclairés, les sages (ou maîtres) luiront comme la splendeur du firmament, et ceux qui en auront conduit beaucoup vers la justice, comme les étoiles du ciel, à toujours et éternellement. » Envoie d'après cela. ô Dieu, d'aussi fidèles travailleurs de ton champ. comme messagers de ton royaume : et fais-les marcher devant nous vers la victoire, la vérité et le jugement ! Oui, fais venir Ton royaume, qu'il s'annonce, que Ta volonté s'accomplisse, ici. dans et sur la terre, comme elle s'accomplit au Ciel ! Amen !

TROISIÈME MESSAGE

A la Communauté philadelphique

Après que deux messages eurent été envoyés à la fraternité philadelphique, il se produisit, parmi les sept esprits qui se tiennent devant le trône de Dieu et de l'Agneau, un désir pour l'envoi d'un troisième. Ces esprits ne prendront point de repos, mais crieront jour et nuit jusqu'à ce que les hérauts angéliques choisis et nommés dans l'éternel Conseil par la Sagesse du Père soient envoyés des Rois du monde supérieur et inférieur; et ces sept claires étoiles du matin marcheront au-devant des sept pasteurs pour les réveiller; et ils défendront le Grand Pâtre royal des brebis, le Seigneur Christ qui leur donnera l'ordre, la puissance et la force de sonner les nouveaux appels pour la réunion du vrai troupeau philadelphique, qui est actuellement et sera encore dispersé à toutes les extrémités de la terre.

Amour, bonne volonté, grâce et paix sont envoyés de Dieu, père de toute la création, de Celui qui est le premier-né de la nouvelle création, et du Consolateur qui révèle et publie le grand secret de l'amour du Père et du Fils et de la Sagesse éternelle : que les sept églises dispersées dans le monde reçoivent ceci : et d'abord la vieille Eglise des Juifs. qui était, qui n'est plus et qui sera ; deuxièmement. l'Eglise romaine : troisièmement. la grecque ; quatrièmement, la moresque : cinquièmement. la luthérienne : sixièmement. la calviniste ; septièmement, la vieille Eglise des vallées. A Elles toutes (dis-je) un appel du grand Pasteur des brebis est adressé ici. pour qu'elles s'enfuient de la confusion de Babel et qu'elles se rangent sous la bannière paisible du royaume de Sion. Il n'y aura là ni combat ni discorde : mais la justice et l'amour seront la loi toute-puissante. C'est pourquoi il a été crié dans le ciel intérieur de l'âme : Ne te tais pas plus longtemps et ne tarde pas à sortir et à publier ce qui sera nécessaire pour ces églises. Car ceci est le grand et mémorable jour de ce temps. pour lequel le puissant Ange de l'union dans la vérité a fait savoir qu'il retirerait ses troupeaux, l'Eglise philadelphique. des pratiques extérieures de dévotion dans lesquelles ils sommeillent. Pour cela, il a ordonné à ses sept anges de sortir et de sonner de la trompe, pour réveiller les fidèles nominaux qui, quoique vivants. sont sourds et morts : car ils n'ont pas reçu et entretenu librement la Vie : car l'amour du Père éternel brûle dans le cœur du Fils bien-aimé si fortement et d'un tel embrasement. que les Forces vivantes et étincelantes qui en rayonnent, dirigées et conduites par l'Esprit-Saint, illuminent et réchauffent ceux sur lesquels s'est étendu le nuage de la ténèbre et de la mortalité.

L'ardeur de l'amour s'emparera d'eux et les fera ramener les Eglises dissidentes dans leur propre patrie et dans leur ville natale. Et cette réunion arrivera par le moyen d'un bras terrible : selon la procédure sage et sous la direction du grand Alpha et Oméga ; ainsi qu'Il en a donné une description à l'âme clairvoyante sous le couvert d'une représentation formelle, comme cela va être décrit ici.

Le pur élément céleste, révélateur, offrit à la contemplation le haut roi Emmanuel, entouré de millions d'anges saints qui disaient être les premiers fruits de l'Eglise virginale, marquant le commencement de la nouvelle création. Cette contemplation était si merveilleuse qu'elle étonnait et suspendait tous les mouvements de la partie mortelle. Mais une présence planait et assombrissait ce spectacle donnant la force de voir et d'entendre le dessein de cette grande introversion et expansion d'amour, qui devait embrasser toute l'Eglise visible. Après cette révélation, un mouvement de l'âme demanda ce que signifiait cette grande apparition : il fut répondu que, sur le modèle et l'image de la céleste, une semblable Jérusalem nouvelle devait être préparée sur la terre. Ici l'esprit de l'âme demanda : quel chemin et moyen serait employé pour une telle libération dans ce bas monde ? Il fut expliqué que cela arriverait comme le déluge qui avait submergé l'ancienne terre, où avaient résidé toutes horreurs et poisons prévaricatoires qui oppressaient et affligeaient le créateur : de même ferait-il aujourd'hui ; pressé par les angoisses et les clameurs des créatures gémissantes. Il avait annoncé quelque chose de nouveau, et s'était mis à l'œuvre. Les fenêtres du ciel s'ouvriraient et les abîmes éclateraient selon un autre mode, pour que les eaux vivifiantes en débordent, inondant et abreuvant la partie terrestre de l'homme : afin que soit réalisée la prophétie qui écrit : le Seigneur magnifique sera comme le lieu des grandes eaux. Elles enfleront les eaux de la Sainteté et croîtront en hauteur jusqu'à ce qu'une inondation se produise. Ce sera donc un torrent impétueux qui roulera la force salvatrice, remède de tous ceux que le poison du serpent aura contaminés.

Et tout ceci sera comme le signe précurseur qui prépara les voies du monde nouveau, prophétisé, espéré et attendu depuis si longtemps. Quelques bornes de ces voies sont déjà plantées ; car l'esprit de prophétie à indiquer les années 1697 à 1700 comme devant être le point de départ d'un progrès remarquable, continuera en croissant jusqu'au Sabbat du septième millénaire, lequel coïncide avec le septième jour du repos de la création. Pendant ce temps, il y aura de grands et admirables changements, tels qu'ils sont indiqués partout par l'expansion de l'Esprit ; nous ne voyons maintenant que la lumière du premier jour, mais elle augmentera jusqu'au septième jour ; alors notre soleil de gloire ne se couchera plus, l'Esprit ne se retirera plus, comme cela arrive depuis les jours apostoliques. C'est ainsi qu'est révélé le monde nouveau sur lequel régnera le Christ comme un puissant monarque.

Mais on demandera sûrement ici de quelle façon œuvrer ces prophéties ; car, si l'on considère la confusion babylonique qui règne actuellement, et les désunions et les dispersions qui existent entre les Églises, se combattant et se blessant par les armes spirituelles, on trouve bien peu d'apparence à la réalisation de ces prophéties. Quelle clameur de ceux qui, nés à la vie de l'amour, se présentent devant Dieu et se plaignent avec force ! A ce sujet, le siège et le trône de l'Amour répond que ces convulsions et ces déchirements lui étaient connus et qu'ils transperçaient son cœur, héritage de toutes les nations, qu'il voulait ramener dans la voie droite. C'est pourquoi il suscitait des messagers et des pasteurs, dont il ferait les canaux où il verserait son nom bienheureux et sanctifiant. Et, de même que le culte précédent était sorti des eaux de la renaissance, lavé par Jean-Baptiste (lequel avait aussi été en son temps un symbole), ainsi l'esprit de Jean l'Évangéliste résurgirait alors, pour être le précurseur du culte de l'amour et pour préparer la Fiancée philadelphique, parée du soleil flamboyant de l'amour, à l'attente de son bien-aimé, dans le royaume où il doit, lui, apparaître selon sa resplendissante identité.

Ainsi, obéissez à la voix de l'Esprit, du puissant Roi-Pasteur, à qui sont soumis tous les troupeaux, et qui produira la fiancée ecclésiale : à vous, ce message est envoyé, vous qui êtes les pasteurs de cette nation, quelque nom que vous portiez, à quelque classe que vous apparteniez, votre mission vous est ici décrite : sortez, après vous être purifié par l'eau de la vie, non d'après l'inertie de la lettre, mais par l'influx intérieur de la force s'éveillant à la vie, médecine des mortelles blessures du péché ; et que ceci soit une préparation à une purification plus élevée par la mer cristalline (qui se mêle au feu sacré et qui coopère avec l'eau) : et ceci est le culte du Saint-Esprit. Tout cela demande un examen profond de la part de ceux qui sont appelés à cette mission ; et ils peuvent reconnaître de cette façon s'ils en possèdent l'autorité.

Comme confirmation, un ange me fut montré qui descendait de la mer cristalline, tenant dans sa main une balance d'or : tous ceux qui voudront participer à cette purification passeront par l'épreuve et la balance : ils seront semblables à des charbons ardents ou à des saphirs brûlants, qui feront équilibre au poids d'or dans les plateaux de la balance. Car l'ange s'énonçant cria qu'il fallait de toute nécessité une parfaite similitude entre ces pierres flamboyantes, rassemblées pour la fiancée virginale et leur modèle magnifique. C'est pourquoi les degrés et la croissance en étaient mesurés selon cette règle, jusqu'à ce que la forme parfaite eût été atteinte. Là-dessus, un rouleau de papier me fut montré dans la main de ce même ange, et les caractères en étaient semblables à l'or, et il contenait les signes et les règles auxquels on pourrait reconnaître les membres de la vraie Église philadelphique, pour qu'ils puissent être distingués de ceux qui voudraient se servir de ce nom et de ce titre comme d'un manteau trompeur. C'est pourquoi tous seront éprouvés selon ce qui est écrit.

Le premier signe était l'érection de la stèle funéraire, ou le crucifiement de la nature dégénérée : lorsque, déplorant la malheureuse chute du pur état

initial. on renonce complètement à la vie terrestre et
au principe mondain par le reniement et l'anéantissement duquel on choit délibérément; et lorsqu'on
pénètre ainsi dans la mort avec le Christ, apprenant
à habiter le sépulcre douloureux du silence. jusqu'à
ce que le Seigneur, l'Esprit vivifiant, descende. pro-
voquant une résurrection par laquelle se produit une
nouvelle créature selon la nature de la divine huma-
nité du Christ : et celle-ci se développera et croîtra
progressivement en chacun jusqu'à ce qu'elle devienne
l'arbre parfait de vie qui remplira la nouvelle terre et
les nouveaux cieux.

La preuve et la confirmation de ce nouvel état seront
dans les effets et les fruits qu'il produira : c'est-à-dire
un renouvellement et une recomposition de ce qui
existait dans le paradis, selon chaque degré de la
chute et de la corruption. Car, de même que le premier. Adam, par la recherche du soi c'est-à-dire par
l'introduction des facultés personnalisantes, due à la
ruse du serpent menteur) perdit Dieu qui était en lui,
de sorte qu'il se vit nu et impuissant — pour avoir
dépouillé le manteau de la pureté, de la puissance et
de la souveraineté, — et qu'il fut revêtu. au lieu de la
forme angélique, d'une forme terrestre. transmise à
sa postérité: — ainsi, dis-je, pour reconquérir cette
forme et retrouver Dieu. il n'y a pas d'autre moyen et
de voie que la destruction de ces tendances égoïstes et
la mort totale du principe externe. selon la vertu du
mot créateur, qui s'imprime sur tout par une marque
vivante, et fait ainsi sortir de la mort une nouvelle
vie que l'Homme-Dieu transfuse en toutes ces dignités

supra-célestes. Parce que le Christ multiplie les premiers de la nouvelle génération par la Vierge de la Sapience afin que les degrés de Dieu puissent en être remplis. Car Il ressemble au premier Adam du Paradis qui, ayant en lui-même sa femme, pouvait engendrer une race divine, mais parce qu'il détourna ses yeux de la Vierge céleste présente en lui pour contempler la création extérieure sur laquelle il laissa s'attacher son imagination et sa convoitise, il tomba dans le sommeil, perdant par là son élément supra-céleste et sa compagne fidèle ; et Dieu vit qu'une aide terrestre lui était nécessaire : c'est là la source de toutes naissances terrestres que doit surmonter une mort mystique, jusqu'à ce qu'un autre Adam, qui est le Seigneur du Ciel, par un nouveau principe de lumière et de vie, ait fait reverdir la plante paradisiaque par une vierge nouvelle qui n'aura plus à trembler pour sa pureté immaculée. Car il a été assuré que Dieu et l'Agneau ne seront plus deux, mais un seul esprit, liés si fermement dans leur amplexion conjugale qu'aucune ruse, aucun mensonge du serpent et de son royaume ne pourra les séparer de toute éternité. Car le lieu des propriétés paradisiaques n'a pu être retrouvé : l'éclosion intérieure et mystique d'une autre terre doit demeurer inviolable, car elle est entourée de la magnifique protection des séraphins flamboyants. Dans cette enceinte, les enfants de la nouvelle création engendreront sans difficulté et mettront à la lumière le nouvel Adam et sa fiancée virginale, la sagesse éternelle : c'est ainsi que se rempliront les nouveaux cieux et la nouvelle terre, selon qu'il

est écrit en la *Genèse*, ch. i, v. 28, et en l'*Apocalypse*,
ch. xxi, v. 1, A ces nouvelles créatures divines,
l'image perdue et obscurcie sera restituée par la Toute
Puissance sans bornes. Alors les paroles de l'ange
déchu se vérifieront et s'accompliront d'une manière
meilleure : « Vous serez comme des Dieux, connais-
sant le bien et le mal. » Car on pénètrera et on com-
prendra la racine et le fondement des propriétés mauvaises, et cela sans destruction de l'harmonie, sans
extension ni sortie de sa propre proportionnalité, mais
par une toute-puissance théique sur les mondes et les
régions de ténèbres.

C'est aux pasteurs et aux peuples d'Angleterre que
cela sera produit tout d'abord, afin qu'ils voient devant
eux comme dans un miroir la magnifique réintégration, contenue de l'Alpha à l'Oméga, pour laquelle
il se révélera dans ses fiancées ecclésiales; elles seront
belles et sans tache comme la pierre blanche sur
laquelle il sera écrit : Le Seigneur, notre Justice, ou
Jehovah Schammah, demeure comme dans une cité
magnifique, habitée par les seuls vrais Philadelphes.

On pourra demander s'il y a vraiment lieu d'espérer
un tel état Philadelphique, et si notre temps y semble
quelque peu préparé.

Nous répondrons que le moissonneur qui a semé
en la terre ces vivantes étincelles est déjà sorti : donc,
que la récolte est proche des fruits d'or qui seront
offerts sur l'autel flamboyant, tandis que se disperse-
ront la paille et l'ivraie.

On demandera encore peut-être quelles raisons il
y a de prédire tout cela, puisque toute la surface de la

terre est couverte de ronces et d'épines qui semblent devoir étouffer le bon grain ? Cela est malheureusement trop vrai et bien propre à inspirer des craintes, mais le jour est venu où l'Esprit du Jugement et de la Consumation (1) s'élèvera pour battre et purifier l'aire intérieure de l'homme et de la nature. de même que le ferment. la pierre transmutatoire changera le métal brut en l'or d'ophir. selon l'Écriture. qui témoigne qu'un homme doit être semblable à l'or d'ophir (2). Les commencements de tout ceci seront humbles, faibles et méprisables : ils auront des tempêtes violentes à subir. et sous le poids desquelles la tendre tige de la plante nouvelle manquera d'être écrasée : mais la prophétie du Psalmiste (72, v. 16, s'accomplira : un peu de froment semé dans la terre, au sommet des montagnes, son fruit sera comme le Liban. et les hommes se répandront hors de la ville. et fleuriront comme les plantes de la terre. » De sorte qu'une végétation puissante sortira de ce rejeton de Jessé. et qu'une ville toute de pierres précieuses, dont les étincellements multicolores renfermeront la virginale pureté retrouvée, et dans laquelle refleurira et s'épanouira la beauté des roses de Saron à la blancheur liliale. Ainsi la fiancée de l'Agneau apparaîtra dans la lumière transparente. C'est cela qui a été présenté dans le clair miroir de la sagesse, à savoir la fructification d'un nouvel ensemencement. qui doit se montrer vers les temps actuels.

Mais il me semble entendre crier à mon oreille :

(1) *Esaïe*, IV, v. 3.
(2) *Esaïe*, XIII, v. 12.

« Publie et montre plus clairement selon quels modes ces choses doivent arriver, pour que nous possédions mieux le vrai signe et la pierre de touche de cet état philadelphique et qu'aucun esprit faux et trompeur ne puisse s'habiller de ce nom.

Pour remplir cette demande, il nous faut décrire la nativité de ces choses : laquelle n'est pas médiocre, puisque le germe en sort de la Divinité même, qui l'engendre dans le sein maternel de la Nature virginale, après qu'il a été reçu dans la forme et la modalité humaine : ainsi, graduellement, ce germe croît en un corps externe après avoir passé en tous les états intérieurs spirituels d'un corps spirituel : et ceci est le voile qui couvre cette naissance et la cache aux yeux grossiers; et elle ne se cache pas ainsi seulement aux autres, mais, en plusieurs, elle est quelque temps inconnue et ignorée, parce que la naissance extérieure (1) est encore prépondérante, jusqu'à ce que l'hyperphysique devienne assez forte, pour la surmonter et l'assujettir, et pour réduire la partie élémentaire grossière en attendant son complet anéantissement.

Mais on pourra objecter : si ce que vous dites est le signe d'un parfait Philadelphe, ou frère-amant du Christ, qui donc peut espérer et croire avoir atteint ce but ? Ce à quoi on répondra que, cette porte est si étroite, que bien rares sont ceux qui pourront la franchir (2). Mais que cela ne vous fasse pas paraître la chose impossible parce que le Christ-Seigneur est lui-

(1 *Actor.*, ii, v. 40. Pierre les exhortait et disait : Délivrez vous de cette naissance perverse.

(2 *Luc*, xiii, v. 23, 24. Faites effort pour entrer par la porte étroite.

même à la fois la voie et la porte d'entrée ; il ne nous aurait certainement pas exhorté à nous diriger vers elle, s'il n'avait su que nous possédons, endormis, la faculté et le pouvoir de le faire ; et nous devenons particulièrement capables, lorsqu'Il s'incorpore en nous selon un mode spirituel élevé et que l'être de pureté et de perfection se fortifie, il devient facile de vivre selon Dieu, et d'opérer naturellement. C'est ici que tous doivent rechercher si leur naissance est venue d'en haut, du Dieu d'Amour. Car le véritable état philadelphique consiste en cette propre génération amoureuse, en laquelle l'animosité, l'envie, la perversité, la haine, la colère, la jalousie, la peur, et l'incrédulité ne trouvent pas de place. Car tous ces fruits de l'arbre de la volonté propre doivent être arrachés de la nature ; et cet arbre lui-même doit être déraciné radicalement pour qu'en sa place l'arbre de vie et d'amour puisse croître, verdir et fleurir dans la terre régénérée, et que les pommes d'or de l'amour dont il se chargera, feront s'évanouir et disparaître tout ce qui avait pu encore subsister des fruits amers de l'arbre de la mort. Dès lors, on peut espérer que les pierres les plus précieuses seront extraites des mines profondes de la nouvelle terre paradisiaque : ce qui était caché dans le sein obscur de la Nature sera apporté à la lumière éclatante des pierres flamboyantes de l'amour. De là, sortira le vrai amour, qui ne connaît pas l'aigreur, qui souffre tout, croit tout, espère toujours, et ne se laisse pas abattre, lorsqu'il se heurte à quelque chose qui lui est opposé ; qui, enfin, vit au-dessus des variations environnantes des choses temporelles et passagères, lesquelles n'influent en rien sur l'inégalité de son humeur et de sa température divine.

De cette source profonde de l'amour naîtra aussi la foi, qui agira suivant un monde si victorieux qu'elle soumettra tout ce qui avait eu la suprématie dans l'ancienne création, corrompue par l'homme. Un autre royaume sera produit : celui de la Sagesse, de la Pureté et de la Puissance. De sorte que la nudité du premier Adam en nous s'en revêtira et que sa souveraineté sera reconquise par le règne de l'autre Adam, le Seigneur du Ciel, lorsqu'il descend dans la Nature pour la pénétrer et la parfaire, par les canaux qu'Il a choisis : ceci appartient à la vie d'après la résurrection. Et cela réside à une si haute unité de la foi que ce que cet esprit convoite et décide en bas, s'accomplit en haut dans ses Cieux : parce que ceci est la clef d'or qui ouvrira au troupeau philadelphique les portes qui lui donneront accès à la gloire du Liban. Car cette clef liera et déliera, fermera et ouvrira. Ses Philadelphes recevront la prérogative royale d'accomplir des miracles comme Jésus-Christ le faisait lui-même : c'est pourquoi Il a dit : « Ils en produiront de plus grands que ceux-ci. » De sorte que les dons apostoliques perdus seront retrouvés, et couleront de nouveau de leur source propre : il deviendra possible de commander à la mort, de relever la Nature accablée et affaiblie, et d'ouvrir l'intelligence jusqu'à la compréhension du pur langage de la Nature : ramenant ainsi la confusion des langues à la pureté de la parole angélique. Oui, il est impossible d'écrire et de raconter les choses merveilleuses qui seront produites par la foi née de l'amour.

En conséquence. écoutez et obéissez tous. à quelque classe que vous apparteniez. laïque ou ecclésiastique, haute ou basse. juifs ou païens, serfs ou hommes libres. Ce message vous est envoyé par la messagère de l'amour qui doit en répandre le nard précieux, où il sera nécessaire : où l'esprit du Scorpion a porté ses ravages en déchirant le principe d'amour et en étendant le royaume irascible et satanique. qu'il sera donné au royaume philadelphique de l'amour de surmonter et d'anéantir.

Oh ! quels plus puissants motifs pouvons-nous donner pour gagner l'esprit sombre, sceptique et rétif qui s'élève dans le moment où les plus grandes facilités sont offertes pour entrer en la vraie église virginale : laquelle s'élève dans la ville de la Nouvelle-Jérusalem. magnifique à l'intérieur comme à l'extérieur, ornée des gemmes orientales ; elle est la Fiancée de Dieu et de l'Agneau, de qui doit sortir le royaume éternel de majesté, de puissance et de gloire, où le troupeau philadelphique se multipliera.

D'après cela. il doit venir réellement des cieux, le cri qui rassemblera les anges des Eglises diverses. réveillant les Laodicéens sommeilleurs. engourdis dans une indécise disposition ; ils se débarrasseront de leurs usages, de leurs cérémonies extérieures. de leurs errements et divergences, et se rendront tous en l'unité de l'amour philadelphique. Oh ! qui ne seraient après cela, avides de ces grandes dignités, désireux de devenir les pasteurs des brebis, pour les guider avec la houlette d'or de l'amour vers la bergerie du Grand Pasteur, où elles se rassasieront des fruits du Liban, par lesquels l'esprit, la vie et la force leur seront tous les jours prodigués. O Angleterre ! Angleterre ! reconnais le jour de ta salvation : car une merveilleuse aurore se lève. Ouvre donc les fenêtres de ton âme, et laisse-là s'éclairer : ainsi le Seigneur qui a dit : « Voyez ! je viens pour gouverner le royaume de l'Amour », y entrera dans sa gloire. Et que tous ceux à qui parviendra ce message adressent de tout leur cœur des prières ferventes pour que son royaume arrive avec la Paix et l'Amour.

L'Alpha et l'Oméga s'adresse aussi aux sept Églises plus éloignées, car le fleuve de l'Amour coule jusque dans leur pays. Les anges de l'Amour ont reçu l'ordre de voler vers elles, pour leur annoncer qu'un lac a été creusé dont les eaux ont une vertu telle que toute leur nature déchue et corrompue sera guérie.

Et cet appel s'adresse d'abord à vous de l'Église romaine, à qui votre âge et votre qualité de successeurs des Apôtres donnent le prestige : et il vous avertit et vous conseille de bien éprouver votre conduite et la conformité de votre vie aux règles apostoliques pour que vous puissiez conserver votre titre et votre rang. Car il faut que vous sachiez qu'une loi fulgurante, esprit de consumation et de jugement, est sortie de la bouche du Christ Jésus, le grand Apôtre, pour éprouver vos voies, vos œuvres et votre culte. Car il faudra vous résoudre à voir tout ce qui aura été trouvé trop léger, dans la balance d'or, ainsi que le superflu et l'impur, consumé par la puissante chaleur de l'amour de Dieu.

C'est pourquoi il vous est conseillé de revenir en votre premier état. Et que celui qui siège comme roi et potentat de cette Église s'examine et s'éprouve avec un soin particulier. pour s'assurer qu'il détient réellement les pouvoirs de sa mission : et cela ne peut être reconnu que par la force de l'esprit de Jésus. C'est Lui qui tient en main la clef d'or qui doit ouvrir au troupeau des Philadelphes le royaume de l'amour, de l'unité et de la paix. C'est en ceci qu'Il se montrera le vrai pasteur des brebis. leur évêque et surveillant. L'Alpha et l'Oméga doit vous faire connaître que les titres. les mots et les cérémonies extérieurs passeront par le jugement de feu : soyez donc vigilants : veillez et fortifiez ce qui pourrait mourir en vous à la vie intérieure et spirituelle : et efforcez-vous vers le primitif état d'amour pour que vous puissiez porter le signe de la Fiancée philadelphique. Et voyez ceci un mandement véridique de Celui qui est tout en tout.

Mais à vous. de l'Église luthérienne et des autres Églises réformées. voici la parole du Conseil et de la Sagesse que vous ne devez pas oublier : car il doit vous suffire. au commencement de cette réforme, de voir se dissiper les ténèbres de l'ignorance. Mais il ne faut pas vous arrêter devant ces premières lueurs de l'aurore : au contraire, votre lampe doit briller de plus en plus jusqu'à ce que l'unité de l'Amour soit atteinte qui ne souffre aucun schisme et jusqu'à ce que le feu rude et âpre du culte selon Elie (par lequel se produisit votre Réforme, préparant ainsi les voies d'un culte plus grand et plus élevé) soit absorbé par l'ardeur de l'Amour. D'après cela, je voudrais ramener sur la pureté, l'amour et le zèle de votre enfance, premier épanouissement de vos Églises, vos yeux et ceux de vos pasteurs, pour que vous puissiez en faire la comparaison avec votre état actuel, pour savoir s'il est vraiment pénétré de la lumière et de la force de la sainteté active, ou si plutôt il ne s'est pas assombri et jusqu'à quel point il est retombé en la mort des apparences cérémonielles. A cette fin, que chacun de vous descende en lui-même, et qu'il fasse surgir la source du salut qui fera de vous un Liban florissant, où le Roi de l'amour et de la paix pourra descendre vous marquer du sceau philadelphie qui est le cœur flamboyant de l'amour et de l'unité. Ne méprisez ni ne rejetez ce message, car il vient de Celui qui habite le buisson ardent de l'Amour ; et il vous invite, vous tous qui appartenez aux Églises réformées, à y venir et à y boire le vin de la divine inspiration par lequel vous deviendrez les serviteurs de l'Esprit ; vous sortirez alors pour publier la réconciliation, et ce sera là votre couronne, votre joie et votre gloire. Ainsi donc, souvenez-vous, peuples et pasteurs, d'examiner en vous-mêmes si vous possédez réellement le signe de l'Église et de la Fiancée du Christ : le Fiancé royal n'attend plus que cette réforme élevée qui fera disparaître les cérémonies vides et la lettre morte lesquelles ne peuvent résister à l'épreuve de la pierre divine et brûlante de l'amour. Si donc vous désirez et espérez son apparition et son royaume universel, soyez confiants et veillez dans le parvis intérieur d'une âme pure et parfaite : ouvrez vos oreilles pour écouter la voix de votre Royal Pasteur qui vous demande de ne plus faire

qu'un seul troupeau, afin qu'étant descendu parmi
vous, Il puisse vous conduire à la source d'eau vive
et aux gras pâturages : la soif et la faim disparues,
la parole substantielle pourra surgir de l'Essence
radicale de vos âmes, et vous serez ainsi marqués au
signe du Saint-Esprit et de l'Alpha et de l'Oméga qui
rassemblera en une toutes les Églises et qui est tiaré
de l'éternelle couronne. Que soit loué, honoré et glo-
rifié Celui qui fut, qui est et qui sera. Amen !

Écoutez aussi, ô Grecs, et venez du Levant lointain ;
et prête l'oreille, Mauritaine, car tu étais jadis et tu es
encore aimée du Seigneur, ton Dieu. O Mauritaine,
presse-toi et prépare tes chars : car une trompette est
descendue de tes cieux pour annoncer des choses
étonnantes. Fuis en hâte et sans hésiter, ou bien obéis
à cet appel que t'adresse ton ange qui se tient devant
le trône du puissant Roi-Pontife, et qui t'invite à contempler la gloire de Salomon dont l'aurore descend
sur la terre. Laisse les rois de Saba et de Seba appor-
ter leurs présents. Venez, vous du Midi, profère la
voix, et apportez les offrandes de myrrhe, d'encens,
d'aromates et d'or, pour ce grand Roi de la Paix qui
régnera sur toutes les nations avec justice, douceur et
mansuétude et qui couvrira de confusion les belli-
queux en changeant leurs épées en faulx. Car le siroco
deviendra un zéphyr caressant, et le nord-ouest impétueux et terrible apaisera sa violence, pour que l'Arche
de la Foi puisse voguer sans crainte sur les eaux : et
le prince qui a élevé son trône vers le nord (1) ne

____

(1) *Isaïe, xiv, v. 13.*

pourra plus (ayant été enfermé dans cette région par l'art du prince Michael) lâcher la bride aux vents boréens, ni lancer les peuples les uns contre les autres.

Voyez! l'Ange de la Grèce est sorti, non pour faire sortir ses prisonniers du pays des étrangers et des barbares.

Réveillez-vous donc, ô Grecs! et ne dormez plus ; réveillez-vous aussi, Maures, et secouez la somnolence dans laquelle vous vous êtes complus! Car les ténèbres de la chute touchent à leur fin : et le jour que vos pères qui avaient la foi désiraient voir eux-mêmes, et voir apparaître à leurs enfants, est proche.

C'est pourquoi pensez à vos premières actions, et regardez en arrière vers les jours qui n'ont plus d'âge, avant que vous rompîtes vos fiançailles et que vous gaspillâtes l'amour de votre jeunesse. Rappelez-vous, dit l'Esprit, ce qu'il vous fut dit de ces Églises : et que tous ceux qui ont des oreilles entendent aussi ce que l'Esprit dit encore à ces Églises : Vois! je viens d'un pas pressé et comme un voleur dans la nuit ; veille donc et accomplis tes premières œuvres. D'après cela que toutes les églises d'Asie s'éveillent, attendent et se tournent vers le Seigneur, leur puissant Sauveur, qu'elles ont maltraité et blessé par leurs peccations et leurs rébellions volontaires, mais vers lesquelles il revient cependant pour les sauver !

Mais, s'adressant à toi, petit troupeau des vallées, qui n'as pas eu honte de rendre témoignage devant ton Dieu, et qui n'as pas renié la passion de ton Jésus, il t'appelle en disant: Vois, je suis devant ta porte pour faire le compte de toutes tes œuvres et de tout ce que tu as souffert pour mon nom. Levez-vous donc et paraissez, vous tous qui avez été cachés dans la poussière, car un envoyé angélique va descendre, pour vous donner les ailes d'or de la colombe. Soyez donc forts et sachez que votre salut, que vous croyiez éloigné est proche.

Il y a aussi une invite adressée par le Dieu d'Abraham à vous, ses descendants, dispersés dans toutes les nations, comme les feuilles détachées de leurs rameaux. Reviens, reviens, ô Israël schismatique ! Vois combien de générations ont passé tandis que tu n'as pas reconnu le jour de ta réintégration. Mais ne laisse point ce siècle s'écouler sans avoir confessé le grand nom de Jésus Sauveur. Car, bien que tu l'aies renié lors de sa première venue selon la chair, sa grâce et sa compassion cordiale sont tellement surabondantes, qu'Il veut te pardonner ton manque de foi, t'incitant ainsi à un repentir sincère et reconnaissant. En conséquence, il t'est commandé, sans plus longue hésitation, de sortir de tes cérémonies mortes, de tes rites périssables, de découvrir ce qui est caché dans l'ombre, derrière le voile, afin que Christ se révèle en toi, selon sa véritable essence, et que tu comprennes les nombreuses prophéties qui doivent avoir leur accomplissement lors de ta réintégration (Voyez *Ézéchiel*, ch. xxxvi. v. 24, etc.). Car, je veux vous retirer du milieu des païens, vous rassembler de toutes les contrées de l'univers et vous réunir dans votre pays. Alors, je vous aspergerai d'eau pure, etc. Et je veux vous donner un nouveau cœur et un nouvel esprit, etc. Mais pour cela, continue-t-Il, je veux être demandé et cherché par Israël. Ainsi voyez votre devoir et votre obligation : cessez de vous attacher avec autant de force à vos préceptes littéraux, et ne vous en faites pas plus longtemps des idoles. Car son culte doit donner une plus haute possibilité. qui est d'atteindre en Christ la loi de l'Esprit vital (ce que vous pouvez réaliser seuls) car elle est profondément enterrée en vous. Ceci est la vraie circoncision de l'Esprit qui vous enlèvera l'aveuglement de vos âmes : que le Christ. cette étoile polaire, se lève en vous. pour vous préparer à entrer dans un avenir prochain dans la puissance et la magnificence de Son Royaume. Il attend, jusqu'à ce que vous soyez prêts, par la Foi et l'Amour. à se reconnaître comme votre Roi et votre Sauveur. Et un ange puissant est envoyé de Son Trône, qui tourne vers toi sa trompe, ô maison d'Israël, et vers tous tes rameaux, proches ou éloignés : Entendez la voix de votre fidèle et véridique Pasteur. qui vous invite à vous réunir aux autres Églises. Que dit-il sinon : Réveille-toi! Réveille-toi ! postérité sommeillante de Jacob, sans hésiter ni tergiverser: car vous n'avez pas seulement retardé le jour de votre propre bonheur dans le Royaume de la Paix. mais aussi celui de ce grand corps dont le Christ est la Tête. C'est pourquoi au nom de l'amour et de la compassion de Dieu le Père Éternel. par les bras de Jésus qu'il tend vers vous, qu'avec vos pères. votre ignorance a méprisés et a rejetés, je vous supplie de ne pas rejeter cette réconciliation d'amour. de vous confier désormais à l'esprit véridique et au tabernacle de Dieu : car, en témoignage de vie, il va s'ouvrir par dedans, et les rideaux qui le cachent vont être tirés : que tout genou se plie, pour reconnaître et accepter celui qui s'est produit pour le salut de toutes les nations.

Il y a aussi un autre appel adressé à ceux du royaume de Turquie. Combien de temps resteront-ils dans la sécurité de leurs ténèbres, rejetant la lumière du Christ, manifesté d'abord dans la chair. et qui se révélera dans l'esprit, en présage de son apparition ultime. Voyez, la houlette de l'amour est étendue vers vous, comme vers tous les peuples. vers les païens même qui ne reconnaissent pas de Dieu. De sorte que tous ont reçu l'invitation d'assister à la splendeur de cette aurore : l'Évangile de la paix éternelle et de la bonne volonté vous est annoncée ; et bien que beaucoup d'oreilles de chair n'aient rien entendu. le livre s'ouvrira en vous. Car les temps sont venus où l'univers sera rempli du nom de Dieu, par l'inondation de l'Esprit, eau vivifiante qui recouvrira les terres mortes et obscures de la nature humaine corrompue lesquelles seront renouvelées par le feu et par l'eau. Car l'Amn a dit : Voyez, je viens pour renouveler toutes choses. Que toutes les Églises s'unissent donc pour un répons affirmatif !

Mais le trône de Dieu et de l'Agneau envoie un appel plus pressant aux monarques qui règnent sur cette Terre, en particulier à celui qui gouverne cette nation. Considère, ô Roi, par quelle main puissante tu as été mis à la tête de ce peuple. et rappelle-toi à quelle fin le sceptre du pouvoir a été mis dans tes mains, et pour quelles œuvres la Providence t'a élu. Une manifestation extraordinaire et remarquable de Dieu a été produite pour affermir et pour consolider ton sceptre. Remarque cela (dis-je) et observe ce qui t'est demandé : ce n'est pas autre chose que, comme un nouveau David, de te diriger selon la vérite et la justice en conduisant droit les petits et le peuple, en sauvant les misérables, en brisant les oppresseurs. Alors, après la guerre, le vrai règne de Salomon commencera dans la paix et dans le repos, tandis que les désordres et les diversions actuels seront ramenés à l'harmonie et à l'unité. C'est à cela que vous devez aider et coopérer avec application, en réunissant les partis divisés. En ouvrant ainsi une porte aux vrais chrétiens, vous consolidez le trône du Roi dans le cœur de ses sujets. Qu'ainsi les autres monarques et potentats, qui ne sont pas encore arrivés à cet état spirituel libre et impartial, mais qui sont encore liés par leur propre jugement et leurs cultes particuliers, apprennent par un tel exemple comment ils doivent affermir dans leur royaume le trône du Très-Haut. D'après cela, coopérez à cette grande extension de l'universalité de l'Amour qui doit réunir les troupeaux dispersés du Grand Pasteur, sur les prairies où croissent les fleurs odorantes de l'Amour.

Puissent ces choses s'imprimer non seulement dans le cœur d'un roi, mais dans celui de tous les autres. Quelle digue puissante aux débordements babyloniens qui se sont répandus sur toute la terre les grands n'élèveraient-ils pas s'ils voulaient consacrer leur pouvoir et leur autorité au développement de ce Royaume, à qui tous seront un jour soumis! Considérez cela, vous qui avez le gouvernement, comme

un ordre du Christ : sachez que les temps annoncés
sont venus, pour que vous receviez de Dieu l'onction
de son Esprit Saint, par laquelle vous serez rois véritables, prêtres et prophètes de l'ordre céleste, tuteurs
dévoués de Son Église. Nous sommes dans une attente pleine d'espoir de la réforme fondamentale, et
de la nouvelle création glorieuse où descendra le tabernacle de Dieu en grande magnificence et splendeur
pour reposer dans et sur la terre. Amen !

C'est ainsi que j'ai publié ce message en toute fidé-
lité et sincérité, selon l'ordre qui m'en a été donné, et
j'en espère le résultat béni qui est la plénitude des
grâces sur tous les peuples. Dans l'attende de quoi, je
me tiens dans le détachement, selon le conseil et le
précepte de Celui qui accomplira les prophéties pas-
sées et présentes.

SIGNES D'UN PHILADELPHE PARFAIT

TEL QUE LES A DÉCRITS LE BIENHEUREUX APOTRE PAUL

I

Un Philadelphe est longanime.

On peut dire que la première victoire d'un héros
de la foi philadelphique consiste dans la répression et
la domination des mouvements irascibles de l'âme,
c'est-à-dire dans l'apaisement de ce lion rugissant
qui arrête les voyageurs qui se dirigent vers la ville de
l'amour fraternel, comme pour les dévorer. Le coura-
geux héros, le Christ, et le plus zélé de ses disciples,
ont été mordus par lui, et ils eurent de la peine à
sauver leur vie. Comme le vrai Philadelphe a cet exemple devant les yeux, il se garde avec soin de cette bête
sauvage et furibonde. Il s'efforce d'imiter la douceur
et la patience divine envers les malfaiteurs. Il s'applique à gagner par l'amour ses adversaires, et à
vaincre par des services et des présents comme Jacob

avec son frère Esaü. Il ne souhaite pas que le feu du ciel tombe sur eux, mais que les charbons ardents de l'amour s'accumulent sur leur tête. Quant aux héré-tiques, à ceux qui ne sont pas de son opinion, ou qui ne se plaisent point dans sa société, il ne les méprise ni ne les persécute par l'épée ou le bûcher ; mais il laisse croître l'ivraie avec le bon grain jusqu'au jour de la moisson, où toute œuvre sera purifiée par le feu.

II

Un Philadelphe est aimable.

Comme la politesse et l'amabilité sont des vertus morales, elles seront en lui une grâce chrétienne. Il ne paraîtra donc ni sévère ni revêche. Sa religion ne le rend pas acerbe, ni rude ou bourru envers les autres, mais plutôt bon, aimable et prêt, dès que la moindre occasion s'en présente, à rendre un service agréable et gratuit ; et bien que, selon l'exemple de son Maître, loué soit-Il ! qu'il recherche grandement la solitude et l'isolement, il ne se fait remarquer, en paraissant au milieu des autres hommes, par aucune singularité, mais il se comporte sans contrainte, selon leurs manières d'être autant qu'il peut le faire innocemment De sorte que le vrai Philadelphe est l'homme le plus sympathique et le plus serviable du monde ; non seu-lement d'un commerce honnête mais encore attrayant, et aussi aisé dans les plus hautes sociétés que le mon-dain. Et il y a autant de différence entre leurs manières qu'entre celles du chambellan qui reçoit un ambassadeur étranger. et celles de deux frères tendrement unis. En résumé. personne mieux qu'un Philadelphe ne comprend les vraies réjouissances de l'état de communauté, et la joie constante d'une amitié virile, qui s'étend jusqu'aux facultés extérieures de sa sphère.

III

Un Philadelphe n'est ni jaloux ni envieux.

Après qu'il a vaincu les lions et les ours. il lui reste à écraser la tête du serpent rusé de la jalousie. qui a su se glisser jusque dans le Paradis. Et il est plus facile de dompter et de ramener à une douce harmonie la colère furieuse et les qualités rudes d'une âme non ordonnée que de déraciner cette perversité plus occulte et toujours aux aguets, qui a subsisté en plusieurs fidèles éminents dont elle épuise les esprits vitaux et les forces religieuses. Mais le vrai Philadelphe est celui qui est parfaitement satisfait de l'état où il se trouve par la sagesse. la justice et la bonté de Dieu. Il ne pense pas aux avantages et aux immunités dont un autre peut jouir : mais il s'en réjouit volontiers, et lui souhaite un accroissement de grâce et de bénédictions. Car il est assuré que le seigneur dont il est le fidèle ne manquera pas de le récompenser. s'il le sert ; c'est pourquoi il ne s'inquiète pas des grandeurs. des honneurs et des richesses que le monde peut donner, et il n'envie pas ceux qui les possèdent; il se soucie encore moins des grâces que son Seigneur envoie à d'autres frères. Il n'aura pas l'outrecuidance

de vouloir obliger la Haute Majesté divine à agir de
telle façon ou telle façon, à n'accorder ses faveurs
qu'aux fidèles de tel ou tel cercle dont les opinions
lui seront agréables. Non, il ne pense pas agir ainsi : il
préfère les autres à lui-même. et se considère person-
nellement comme indigne des moindres dons que le
Saint-Esprit lui envoie. car

IV

Un Philadelphe n'est pas vaniteux.

Il n'acceptera aucun honneur pour lui-même ; mais
il les rapportera tous à la Haute Majesté qu'il sert,
à cette unique Source de gloire, origine de tout ce qui
est honorable. Il est net de toute gloriole et toute en-
flure : et parce qu'il est peu estimable à ses propres
yeux. il n'est pas irréfléchi ou précipité dans ses
projets. mais il a coutume d'attendre en tout l'appel
et l'ordre de son Maître, de peur de l'offenser au
lieu de l'honorer. Et cela lui apprend aussi à peser
toutes ses paroles dans la balance sacro-sainte. et à
ne pas parler de Dieu inconsidérém ent.

V

Un Philadelphe ne s'enorgueillit pas.

Car, puisqu'il fuit toute vanité et toute inconvenance
cela est un signe certain qu'il y a *quelque chose* en
lui, et qu'il n'est pas comme une outre gonflée de

vent. Les louanges ne l'élèvent pas, non plus que la contradiction et le mépris ne l'affligent. Il est tout concentré et non pas, comme une bulle de savon, gonflé des splendeurs et des vanités du monde ou même de quelques dons spirituels. Mais plus il en reçoit de naturels et de surnaturels, plus il se fait paisible, humble, patient, détaché et abandonné à la volonté divine.

VI

Un Philadelphe ne fait rien d'inconvenant.

Il prend garde de ne rien faire qui puisse lui rapporter du mal : mais il observe scrupuleusement l'éternelle loi de l'ordre. Cette loi est la règle de toutes les vertus : il ne s'occupe donc pas beaucoup des petitesses cérémonielles, quoique ce précepte soit écrit dans son cœur, à savoir que toutes ses œuvres doivent être régulières, ordonnées et convenables. On remarquera donc dans toutes ses actions une certaine convenance, qui ne réside pas dans l'apparence extérieure, mais qui est essentielle, qui n'est pas artificielle et forcée, mais naturelle ; qui n'est pas changeante, mais continue : car elle vient d'une racine qui ne passe point. C'est une beauté inexprimable lorsqu'elle se manifeste aux enfants des hommes et aux enfants de Dieu : et la beauté suprême et infinie transparaît en elle d'une façon incompréhensible. Et il appelle cela la réflexion de la splendide lumière de Dieu sur son âme.

VII

Un Philadelphe ne recherche pas son Moi.

Il n'y a rien de plus contraire à la belle loi de l'Ordre qu'un esprit borné, qui ne cherche que soi-même, et non ce qui se rapporte à l'universalité. C'est pourquoi le vrai Philadelphe est l'homme le plus dévoué au bien-être général, que l'on puisse décrire. Il ne recherche pas son intérêt personnel, mais le foule aux pieds avec le plus grand mépris. Et à cette fin, il saisit toutes les occasions d'exercer, pour le bien général, les facultés bonnes et bienfaisantes, à l'exemple de son divin Seigneur et Maître qui s'efforçait à faire le bien de toutes manières.

VIII

Un Philadelphe ne s'irrite pas facilement.

Un homme, dont l'esprit est tendu vers le bien public, qui s'applique à être bienfaisant et qui s'efforce de servir les intérêts de son grand maître, doit s'attendre à essuyer beaucoup de railleries et d'outrages, beaucoup de méprises et de provocations de la part des hommes ingrats et irréfléchis. Mais un vrai Philadelphe ne se laissera pas le moins du monde émouvoir et aigrir pour cela. Car celui qui mène une vie si au-dessus de la critique du monde n'a besoin que de l'approbation de Dieu, de ses saints

Anges. et des hommes grands et bons qui ont vécu sur la terre et qui ont été les bienfaiteurs des hommes. Et parce qu'il tient ses regards constamment levés vers eux. il estime peu les médisances du temps actuel, mais demeure fermement résolu à tout surmonter pour les servir, eux et leur postérité. Il ne se laissera pas ébranler dans ses bonnes et nobles intentions. quelque clameur qui s'élève contre lui ; il laissera même mille fois plus volontiers salir son nom et son bonheur temporel en cette vie plutôt que d'abandonner ce qu'il sait et reconnaît être agréable à Dieu et utile à son prochain. Bref, il est, par la grâce du Christ, tellement maître de lui que, tous les hommes l'attaqueraient-ils, ils ne pourraient arriver à lui faire éprouver quelque aigreur.

IX

Un Philadelphe n'a pas de dépit.

La sincérité est le caractère le plus distinctif d'un Philadelphe, par quoi il peut être reconnu clairement au milieu des partis, des sectes et des diverses religions externes. Il prend toujours et en tout le bon côté : et lorsque deux opinions contraires peuvent être données sur un objet quelconque. il se rappelle le bon conseil de cet homme sage qui recommandait à son disciple de ne pas prendre l'amphore par l'anse de gauche quand il le pouvait faire par l'anse de droite. Ainsi, quand le Philadelphe véritable considère comment toutes choses ont deux aspects. et

comment chaque personne peut être un héros ou
un monstre, il s'abstiendra de donner son suffrage
avant d'avoir acquis une pleine certitude: et il pen-
chera toujours préférablement vers l'avis le plus
bénin. Car

X

Un Philadelphe ne se réjouit pas de l'injustice.

Il ne se pose comme juge des fautes d'autrui, encore moins cherche-t-il à censurer les faiblesses et les
erreurs de quelqu'un pour faire preuve de grande
sagesse. C'est un vice général, dans le monde, que de
s'amuser à discourir sur la folie et la friponnerie des
autres (ce qui fait d'ordinaire le sujet de neuf sur dix
des conversations): et les censurer est la méthode la
plus facile pour se faire une réputation d'homme rai-
sonnable et honnète. Le vrai esprit philadelphique agit
tout autrement. Il ne s'occupe pas du bourdonnement
importun et inintelligent d'une mouche, encore moins
des grimaces risibles d'un singe; il ne s'amuse pas au
récit des manœuvres politiques d'un renard madré,
des hypocrisies d'un crocodile, des voracités et des
cruautés d'un loup; il n'examine pas avec intérêt
une ordure puante. L'esprit philadelphique est beaucoup trop noble pour de telles occupations; et,
comme il vit au-dessus de ce monde, il converse plutôt avec les bienheureux habitants des régions supé-
rieures, qui ne connaissent pas l'envie, que l'injustice n'intéresse pas, non plus que les fautes et les
péchés de quelques-uns de leurs compagnons; mais

ils se réjouissent de la vérité et de la conformité des choses d'en bas avec celles d'en haut, leurs modèles célestes. Comme donc, il est instruit par eux :

XI

Un vrai Philadelphe se réjouit de la vérité.

La calomnie est la nature même du Diable, qui ne se réjouit jamais tant que lorsqu'il a trouvé des échos à ses accusations : et la vertu opposée à ceci est un rayon de la Nature divine qui est répandu sur les saints anges et les âmes bienheureuses. Par là, le vrai Philadelphe est rapproché de la Divinité, et il ne se réjouit que dans la vérité, ou dans la réflexion de sa lumière immaculée. C'est pourquoi le Philadelphe ne se réjouit pas seul, mais avec la plus haute société, avec la sainte majesté de Dieu, avec toute la cour céleste, avec tous les hommes pieux de la terre, et particulièrement avec l'innocence opprimée et calomniée, qui sera sauvée par la vérité.

XII

Un Philadelphe tient toutes choses secrètes.

Comme son grand soin est de ne rien faire contre la vérité, il se trouve obligé (parce que le monde ne souffre guère ceci) de se réjouir en lui-même avec cette secrète compagnie des bienheureux. C'est pourquoi un vrai Philadelphe porte et conserve dans son cœur tout ce qui ne peut être confié qu'aux sages : selon le commandement exprès du Christ et sa propre expérience, d'après sa sainte Mère, les Apôtres, les Prophètes, les Nabis. Ce don de secret et de sainte discrétion lui sera fort nécessaire, s'il se trouve dans de grands travaux pour la gloire de Dieu. Car, si les secrets des rois et des princes doivent être gardés, le vrai Philadelphe estime beaucoup plus sacrés et plus occultes les secrets de celui par qui les rois sont gouvernés. Et ses secrets sont en ceux qui le craignent (1). Mais cette taciturnité ne doit pas l'empêcher de répandre et de publier, avec le courage du lion, tout ce qui lui a été ordonné de faire connaître : afin d'être le pilier qui soutient et porte tout l'édifice.

XIII

Un Philadelphe croit tout.

Il croit que Dieu accomplira fidèlement et véritablement toutes ses promesses, jusqu'à la plus petite : qu'il est tout prêt actuellement à assister et à secourir ceux qui croient en Lui, comme Il a aidé les anciens combattants et les grands héros de la foi qui ont été comme une nuée de témoins (2) et sur les traces desquels nous devons marcher. Du côté des hommes, un vrai Philadelphe croira également tout ce qui présentera quelque fondement, soit apologie, soit réquisitoire.

(1) *Psaumes*, XXV, v. 14.
(2) *Hébr.*, XII, v. 1.

XIV

Un Philadelphe espère tout.

Dans l'ordre divin, il espère une manifestation ordinaire et extraordinaire du Très-Haut. Les fondements de cette espérance jetés sur un roc : et la gloire de cette apparition ne s'accroît pas sans que l'espérance s'y adapte immédiatement. Mais dans l'ordre humain, lorsque le mal est trop évident pour que le Philadelphe puisse croire la chose bonne malgré cela, il n'en doute pas absolument, mais il espère. car le pécheur le plus endurci et le plus satanique peut à la fin changer et devenir un saint magnifique, parce qu'il est beaucoup pardonné à celui qui aime beaucoup.

XV

Un Philadelphe souffre et supporte tout.

Cette foi et cette espérance héroïques vouent le Philadelphe entièrement à la cause de son Seigneur et Maître, et lui font tout supporter. Car, puisqu'il attend sa venue imminente, il ne faiblit point. mais garde la parole de la patience et se rappelle de tenir toujours fermement ce qu'il a, pour que sa couronne ne lui échappe point.

XVI

Un vrai Philadelphe ne tombe et ne s'arrête jamais.

Mais, quand tous les autres nous seront brûlés, celui-ci restera. Le nom d'un Philadelphe demeure éternellement; il durera autant que le Soleil, et toutes les nations l'appelleront le béni du Seigneur.

Tels sont les signes qui furent donnés à un certain pèlerin de la ville céleste de Philadelphie, par un ange puissant qui en descendait; cet ange lui ôta son cœur, et il mit à la place un charbon enflammé qui, depuis, se consume d'ardent désir pour le bien de tous ses frères, les hommes.

Jeanne Leade.

TABLE DES MATIERES